BOEKANALYSE

AF153926

Candide

· · · · · · · · · · · · · · · · · ·

Voltaire

BOEKANALYSE

Geschreven door Guillaume Peris
Vertaald door Nikki Claes

Candide

· ·

VOLTAIRE

MUST READ

VOLTAIRE

FRANS SCHRIJVER EN FILOSOOF

- **Geboren in Parijs in 1694**
- **Overleden in Parijs in 1778**
- **Opmerkelijke werken:**
  - *Micromégas* (1752), filosofische vertelling
  - *Candide: of, Optimisme* (1759), filosofische vertelling
  - *L'Ingénu* (1767), filosofische werken

Voltaire, wiens echte naam François Marie Arouet was, was een Franse schrijver en filosoof en een van de leidende figuren van de Verlichting. Geboren in 1694, studeerde hij briljant aan een jezuïetencollege, ondanks zijn onhandelbare geest. Na zijn afstuderen werd hij bekend om zijn satirische geschriften waarin hij onder meer de regent aanviel. Deze leverden hem een verblijf van elf maanden in de Bastille op. Na zijn vrijlating verdedigde hij zijn standpunten telkens weer met verschillende literaire middelen, vooral door middel van ironie. De zeer kritische dimensie van zijn werken dwong hem tot ballingschap in Engeland, waar hij een nieuw politiek systeem ontdekte dat hij fascinerend vond. Ook verbleef hij in Pruisen, aan de zijde van Frederik II, die het model vertegenwoordigde van de verlichte vorst die Voltaire bewonderde, hoewel de twee mannen uiteindelijk onenigheid kregen. Bij zijn terugkeer naar Frankrijk vestigde hij zich eerst in Genève en vervolgens in Ferney, waar hij in 1778 overleed. Hij liet een imposant werk na dat verschillende vormen aannam, maar altijd kenmerkend was voor zijn strijd voor vrijheid, tolerantie en kennis.

CANDIDE

"ALLES IS VOOR HET BESTE IN DE BESTE VAN ALLE MOGELIJKE WERELDEN."

- **Genre:** Filosofische werken
- **Referentie-uitgave:** Voltaire (2015) *Candide.* CreateSpace Independent Publishing Platform.
- **Eerste uitgave:** 1759
- **Thema's:** filosofie, kwaad, metafysica, oorlog

Candide is het resultaat van een ruzie tussen Voltaire en Jean-Jacques Rousseau (Frans schrijver en filosoof, 1712-1778). Hun relatie ging vanaf 1755 bergafwaarts, vooral door hun meningsverschillen over filosofische vraagstukken. Het conflict zou eindigen met een veroordeling van Voltaire door Rousseau: hij beschuldigde de auteur van *Candide* ervan achter een atheïstisch pamflet te zitten. Het zou alleen maar erger worden.

Candide, gepubliceerd in 1759, is een reactie op het *Lettre sur la Providence* van Rousseau, dat een optimistische leer laat zien in dezelfde lijn als die van Leibniz. Dit is de belangrijkste filosofische boodschap van *Candide*: metafysische verhandelingen bieden geen antwoord op de vele vormen van kwaad. *Candide* is ook een volleerde vorm van het filosofische verhaal, dat bestaat uit de ontwikkeling van een centraal idee zonder lange en vermoeiende betogen.

SAMENVATTING

HOOFDSTUKKEN 1-3

Na betrapt te zijn in een compromitterende situatie met Cunégonde, wordt Candide verbannen uit het kasteel van Baron Donder-ten-tronckh "met enkele opmerkelijke schoppen op de stuit". Hij wordt ingelijfd bij het Bulgaarse leger, waar hij, beschuldigd van desertie, lijfstraffen moet ondergaan. Vervolgens ontvlucht hij het leger en de gevechten, en is hij gedwongen te bedelen om een aalmoes. Hij krijgt hulp van een wederdoper, Jacques. Candide geeft vervolgens zijn aalmoezen aan de meer behoeftigen dan hijzelf.

HOOFDSTUKKEN 4-6

Candide ontmoet Pangloss, zijn leraar, in een ellendige toestand. Hij legt uit dat het kasteel is verwoest en dat Cunégonde is verkracht en vermoord. Candide overtuigt Jacques om Pangloss te komen helpen. De drie zetten koers naar Lissabon, maar de boot zinkt vlak bij de Portugese hoofdstad. Wanneer Candide en Pangloss de kust bereiken, vindt er een aardbeving plaats. Een inquisiteur houdt hen tegen en er wordt een auto-da-fé georganiseerd (een ceremonie waarbij ketters door de inquisitie, het tribunaal dat belast is met de bestrijding van ketterij, veroordeeld worden tot de vuurdood). Pangloss wordt opgehangen terwijl Candide slechts gegeseld wordt. Na deze straf nodigt een oude vrouw hem uit haar te volgen.

HOOFDSTUKKEN 7-9

De oude vrouw geneest en voedt Candide. Op een avond leidt ze hem naar een afgelegen huis waar hij tot zijn schrik Cunégonde levend aantreft. Ze vertelt over haar verkrachting en ontmaagding, de zorg die ze kreeg van een kapitein die haar gevangen maakte en haar verkocht aan een jood, die haar op zijn beurt naar het huis leidde waar ze zich nu bevinden. Ze vertelt ook hoe de grootinquisiteur regelde dat ze haar met de jood zou delen. Ze worden onderbroken door de komst van de jood, die Candide moet doden. De inquisiteur arriveert kort daarna en Candide doodt hem ook. Candide, Cunégonde en de oude vrouw vluchten en nemen de juwelen en het geld van het jonge meisje mee.

HOOFDSTUKKEN 10-12

De rijkdom van Cunégonde wordt gestolen. De drie helden komen uiteindelijk aan in Cadiz en Candide benoemt zichzelf tot kapitein van een leger dat naar Paraguay vaart. Tijdens de reis begint de oude vrouw haar verhaal te vertellen. Als dochter van een paus en een prinses werd ze ontvoerd en tot slaaf gemaakt door een kaper, en vervolgens naar Marokko gebracht waar haar ontvoerder werd gedood door een vijandige factie. Ze overleefde en werd opgevangen door een eunuch die haar verkocht in Algerije. Later werd ze verkocht naar Tunis, Tripoli, Alexandrië, Smyrna en Constantinopel. Uiteindelijk vluchtte ze als gevangene van een Rus en reisde door Europa, werkend in cabaretshows, voordat ze bediende werd in het huis van de jood die Cunégonde in bezit had genomen.

HOOFDSTUKKEN 13-15

Als de belanghebbenden in Buenos Aires aankomen, begint de gouverneur Cunégonde te begeren. Bovendien arriveert er een boot die de moordenaar van de inquisiteur zoekt. Candide en zijn bediende Cacambo, over wie we voor het eerst horen, besluiten hun toevlucht te zoeken bij de Jezuïeten. De commandant ontvangt Candide en hij blijkt niemand minder te zijn dan de broer van Cunégonde. Hij vertelt hoe hij voor dood werd achtergelaten en commandant van de jezuïeten werd. Als Candide aankondigt met Cunégonde te willen trouwen, wordt haar broer kwaad en slaat Candide, die hem vervolgens doodt. Candide en Cacambo vluchten opnieuw.

HOOFDSTUKKEN 16-19

Ze doorkruisen het grondgebied van Oreillon, vijanden van de Jezuïeten. Ze worden gevangen genomen en veroordeeld om gekookt en opgegeten te worden. Maar het feit dat Candide een jezuïet heeft gedood, redt hen. Ze besluiten naar Cayenne te reizen, dus varen ze met een kano de rivier af. Ze komen aan in een land waar kinderen met goud en edelstenen spelen en waar ze met open armen worden ontvangen: El Dorado. Ze blijven er een maand voordat ze vragen om te mogen vertrekken. De koning raadt hen aan een machine te bouwen waarmee ze het obstakel van de bergen kunnen passeren, want dat is de enige weg uit het land, en geeft hen goederen en rijkdommen. Candide en Cacambo komen uiteindelijk aan in Suriname, maar ze verliezen het grootste deel van de rijkdommen die ze tijdens de reis bij zich hadden. Nadat Candide verneemt dat Cunégonde de minnares is geworden van de gouverneur van Buenos Aires, stuurt hij Cacambo om haar te redden. Ze spreken af elkaar te ontmoeten in Venetië. Candide scheept in op een boot naar Bordeaux nadat hij een nieuwe metgezel, Martin, heeft gevonden.

HOOFDSTUKKEN 20-21

Candide en Martin brengen de reis filosoferend door tot ze in Bordeaux aankomen.

HOOFDSTUKKEN 22-25

Candide besluit door Parijs te reizen en wordt ziek. Wanneer hij eindelijk gezond is, ontdekt hij het Parijse leven en wordt hij opgelicht en gearresteerd. Hij weet echter de man die hem arresteerde om te kopen en reist vervolgens naar Normandië waar hij met Martin naar Engeland vaart. Ze blijven slechts twee dagen voordat ze naar Venetië vertrekken. Maar Candide vindt er noch Cacambo, noch Cunégonde. Wel ontmoet hij Paquette, de minnares van Pangloss, die nu een prostituee is. Hij geeft haar wat geld.

HOOFDSTUKKEN 26-28

Candide vindt Cacambo in een herberg. Hij is de slaaf geworden van een gevallen koning die ermee instemt Candide en Martin mee te nemen naar Constantinopel, waar Cunégonde is. We leren dat zij de slavin is van een oude heerser en lelijk is geworden. Candide, Cacambo en Martin gaan aan boord van een galei. Ze vinden Pangloss en de broer van Cunégonde, toch nog in leven, maar galeislaven. Candide koopt hen terug. De vijf mannen gaan met een andere boot naar Constantinopel. We leren hoe de Baron en Pangloss overleefden en galeislaven werden.

HOOFDSTUKKEN 29-30

De vijf mannen vinden Cunégonde en de oude vrouw als ze aanmeren. Candide koopt ze terug. De Baron verzet zich opnieuw tegen het huwelijk van zijn zuster met Candide. De vier mannen ontdoen zich van de Baron en sturen hem terug naar de galeien. De zes helden leiden een miserabel en saai bestaan op een boerderij. Hun leven wordt gelukkiger als ze proberen hun verveling te verhelpen door te werken. "Laten we onze tuin bewerken", besluit Candide.

KARAKTERSTUDIE

CANDIDE

Dit is het centrale personage van het verhaal. Hij is de buiten-echtelijke zoon van de zus van Baron Donder-tan-tronckh, en werd door de Baron eruit gegooid nadat hij betrapt was op een compromitterende situatie met Cunégonde.

Zoals zijn naam al aangeeft, is hij naïef en goedgelovig. Aanvankelijk staat hij zonder meer achter de filosofie van Pangloss, maar zijn ervaringen brengen hem aan het twijfe-len, voordat hij deze helemaal loslaat. In de loop van het verhaal ontwikkelt hij zich aanzienlijk. Uiteindelijk maakt hij er een erezaak van om met Cunégonde te trouwen, hoe-wel hij aan zichzelf toegeeft dat haar lelijkheid hem genoeg afschrikt.

PANGLOSS

Hij is de leraar van Candide, Cunégonde en haar broer. Hij is ook Candide's metgezel aan het begin van zijn reizen.

Hij is een aanhanger van de leer van Leibniz (van de Duitse filosoof en wetenschapper Leibniz, 1646-1716), die meer weg heeft van drogredenen (valse redeneringen ondanks een schijn van waarheid) dan van filosofie, en die in de loop van het verhaal steeds meer belachelijk wordt gemaakt. Voltaire, die tegen deze leer is, drijft er bewust de spot mee.

CUNÉGONDE

Zij is zowel de nicht als de minnares van Candide. Nadat ze is verkracht en van haar ingewanden ontdaan, wordt ze onder meer de minnares van de gouverneur van Buenos Aires, voordat ze in Constantinopel in dienst treedt. Lelijk geworden trouwt ze met Candide, die haar weet te redden.

Het lijkt erop dat ze geen andere verlossende kenmerken heeft dan haar fysieke verschijning. Men ziet haar nooit filosoferen en Candide wil niet meer met haar trouwen zodra ze lelijk wordt, wat suggereert dat haar schoonheid haar enige troef was.

CACAMBO

Cacambo is Candide's bediende en zijn metgezel tijdens zijn reis. Van Peruaanse afkomst, is hij vooral nuttig in Zuid-Amerika en El Dorado. Hij is een personage dat met beide benen op de grond staat. Daardoor neemt hij alleen goede beslissingen.

MARTIN

Hij is de metgezel aan het einde van Candide's reizen. Hij is manicheïstisch, dat wil zeggen dat hij de dingen simplistisch beoordeelt, zonder nuance tussen goed en kwaad. Hij is echter ook nuchter en geeft Candide nuttige adviezen.

DE OUDE VROUW

Weldoenster van Cunégonde, ze is als de goede fee in sprookjes. Ze is van adellijke afkomst, maar ze is ten onder gegaan aan meerdere verkrachtingen en ontvoeringen. Haar verankering in de werkelijkheid plaatst haar op hetzelfde niveau als Martin en Cacambo.

ANALYSE

FILOSOFISCHE EN KRITISCHE DIMENSIE

De sleutelzin uit *Candide*, die het werk gedeeltelijk samenvat, is ongetwijfeld de formule van Pangloss: "Alles is het beste in de beste van alle mogelijke werelden." Deze zin vertegenwoordigt inderdaad zowel de filosofische stelling die Voltaire belachelijk maakt als het voorwendsel van sociale kritiek.

De zin van Pangloss, die door Candide in de loop van het verhaal op verschillende manieren wordt herhaald, belichaamt in werkelijkheid de stelling die Rousseau (Frans schrijver en filosoof, 1712-1778) verdedigt in zijn *Lettre à Voltaire sur la Providence* (1756). In een paar woorden samengevat zou je kunnen zeggen dat Rousseau het idee naar voren brengt dat het kwaad dat wij ervaren veroorzaakt wordt door de mens zelf, en niet door de Voorzienigheid (d.w.z. God). Ook stelt hij in *de Confessiones* (1782-1789) dat het kwaad "eerder zijn oorsprong vindt in het misbruik dat de mens van zijn vermogens heeft gemaakt dan in de natuur zelf" (Boek IX). Hij beweert dat als God bestaat, er geen algemeen kwaad kan bestaan, en dat alles wat er gebeurt van levensbelang is voor het in stand houden van het universum. In werkelijkheid neemt hij de stelling van Leibniz over, volgens wie alle kwaad een contrast schept waardoor het goede zichtbaar wordt. We kunnen dit als volgt samenvatten: uit alle kwaad komt het goede voort. Dit is een optimistische theorie.

Voltaire is het helemaal niet eens met deze filosofie. Hij sprak al over dit onderwerp toen hij *Gedicht over de ramp van Lissabon* (1756) schreef, waarin hij zegt:

> *"Kom, gij filosofen, die roepen, 'Alles is goed,'*
> *En aanschouw deze ruïne van een wereld.*
> *Aanschouw deze snippers en sintels van uw ras."*

Volgens hem is de wereld onrechtvaardig en wreed. Hij steunt niet het idee dat een tragedie als de aardbeving van Lissabon kan worden gezien als een gebeurtenis die tot het goede leidt. Rousseau begrijpt Voltaire natuurlijk niet en zegt: "Voltaire, die altijd in God lijkt te geloven, heeft eigenlijk alleen maar in de duivel geloofd, want zijn vermeende God is niets anders dan schadelijk."

Hoe dan ook, Voltaire, getroffen door een zekere afschuw van de wereld, maakte een karikatuur van de optimistische filosofie en ondermijnde deze door een zeer harde maatschappijkritiek uit te oefenen, meer bepaald door zijn held in extreme situaties te plaatsen die toch het realisme behouden dat nodig is voor elke oprechte criticus.

EEN SCHERPE SOCIALE KRITIEK

De eerste kritiek betreft de oorlog en zijn verschrikkingen, waarbij de wreedheden in hoofdstuk 2 en 3 met een verontrustende kilte worden besproken. De eerste wreedheid, anders dan de manier waarop Candide wordt "gerekruteerd" en de zware last van de term "held" die aan hem kleeft, ontstaat door het misbruik van de held wanneer hij ervan wordt beschuldigd te willen vertrekken:

> *"Hem werd gevraagd wat hij het liefste zou willen, zes en dertig keer door het hele regiment gegeseld worden, of in één keer twaalf kogels lood in zijn hersenen krijgen. Hij zei tevergeefs dat de menselijke wil vrij is en dat hij noch voor het een noch voor het ander koos. Hij werd gedwongen een keuze te maken; hij besloot, op grond van die gave van God die vrijheid heet, de handschoen zes en dertig keer op te nemen. Hij droeg deze twee keer. Het regiment bestond uit tweeduizend man; dat waren voor hem vierduizend slagen [...] Toen ze overgingen tot een derde afranseling, smeekte Candide, die niet meer kon verdragen, als gunst dat ze zo goed zouden zijn hem neer te schieten. Hij verkreeg deze gunst; "* (Hoofdstuk 2)

Natuurlijk bleef het daar niet bij en verscheen Voltaire's eigen ironie:

> *"Er was nooit iets zo galant, zo sparren, zo briljant en zo goed gezind als de twee legers. Trompetten, viooltjes, hautboys, trommels en kanonnen maakten muziek zoals de hel zelf nog nooit had gehoord. [Candide, die beefde als een filosoof, verborg zich zo goed mogelijk tijdens deze heroische slachtpartij. "* (Hoofdstuk 3)

En als Candide ontsnapt, is het alleen maar om meer horror onder ogen te zien:

> *"Hier, oude mannen bedekt met wonden, zagen hun vrouwen, hun kinderen aan hun bloedige borsten omhelzend, afgeslacht voor hun gezicht; daar, hun dochters, ontdaan van hun ingewanden en hun laatste adem uitblazend."* (Hoofdstuk 3)

De laatste verwijzing naar de oorlog en de absurditeit ervan is ongetwijfeld de overweging van Pangloss nadat hij Candide heeft verteld over de gruwelen die op het kasteel zijn begaan (verkrachting, moord, enz.):

> *"Maar we hebben onze wraak gehad, want de Arabieren hebben hetzelfde gedaan met een naburige baronie, die toebehoorde aan een Bulgaarse heer."* (Hoofdstuk 4)

Oorlog en geweld zijn echter niet de enige elementen die Voltaire openlijk bekritiseert. De Kerk in het algemeen, en in het bijzonder de Inquisitie, is het onderwerp van een ordelijke aanval. De enige concessie van Voltaire is misschien het verzinnen van de naam van de paus die de oude vrouw heeft verwekt (hoofdstuk 11), in plaats van de naam onuitgesproken te laten en te suggereren dat hij naar een echt persoon verwees. Maar dit is misschien meer uit voorzichtigheid dan uit barmhartigheid. De vrome personages worden gepresenteerd met hun tegenstrijdigheden, zoals in het geval van de inquisiteur die schuldige bedoelingen heeft jegens Cunégonde. En wat te denken van het feit dat het enige echt liefdadige personage dat Candide tegenkomt Jacques is, de wederdoper (d.w.z. iemand die zijn doop heeft uitgesteld tot hij de leeftijd heeft om zijn geloof te belijden, en in dit geval helemaal niet heeft gedaan)?

De grootste aanval op de religie is waarschijnlijk het optreden van het auto-da-fé. Het is goed te weten dat deze auto-da-fé daadwerkelijk heeft plaatsgevonden op 20 juni 1756. De door Voltaire gebruikte formules laten geen twijfel bestaan over zijn mening: "De Universiteit van Coimbra had besloten dat het levend verbranden van enkele mensen door een langzaam vuur en met veel ceremonie een onfeilbaar geheim is om te voorkomen dat de aarde beeft." (Hoofdstuk 6); "Zo werd hij mijmerend, nauwelijks in staat om te staan, gepredikt, gegeseld, vrijgesproken en gezegend. Voltaire verafschuwde fanatisme en wat soms anti-religieuze kleinzieligheid lijkt, wordt beter begrepen in het licht van deze citaten."

Als er tenslotte één belangrijk element is waartegen Voltaire in opstand komt, dan is het wel het voortbestaan van horigheid, slavernij en de barbaarsheid die inherent is aan deze toestand. Het is de beroemde episode van de "Surinaamse neger" die dit illustreert:

> *"Toen zij de stad naderden, zagen zij een neger op de grond liggen, met slechts een deel van zijn kleren, dat wil zeggen van zijn blauwe linnen onderbroek; de arme man had zijn linkerbeen en zijn rechterhand verloren. "(Hoofdstuk 19)*

Wanneer Candide in gesprek gaat met de arme man, ontdekt hij de barbaarse praktijken die van kracht zijn:

> *"Ze geven ons twee keer per jaar een paar linnen lades voor ons hele kledingstuk. Als we bij de suikerriet werken en de molen grijpt een vinger af, hakken ze de hand af; en als we proberen weg te lopen, hakken ze het been af; beide gevallen zijn mij overkomen. Dit is de prijs waarvoor men in Europa suiker eet. " (Hoofdstuk 19)*

In deze passage voelen we alle bitterheid van Voltaire, overgebracht door een felle ironie. De redenering van de arme man is ook een gelegenheid om de religie opnieuw te bekritiseren:

> *"De Nederlandse fetisjisten, die mij hebben bekeerd, verklaren elke zondag dat wij allen kinderen van Adam zijn – zwarten zowel als blanken. Ik ben geen genealoog, maar als deze predikers de waarheid vertellen, zijn we allemaal achterneven. Nu moet u het ermee eens zijn, dat het onmogelijk is iemands familie op een meer barbaarse manier te behandelen." (Hoofdstuk 19)*

HET FILOSOFISCHE VERHAAL

Candide is ongetwijfeld filosofisch. Toch vinden we na het lezen van dit verhaal weinig overeenkomsten met werken die als zuiver filosofisch kunnen worden omschreven. Qua vorm is het moeilijk om Descartes (filosoof, 1596-1650) of Pascal (natuurkundige, filosoof en schrijver, 1623-1662) met Voltaire te vergelijken. Dat komt omdat de auteur hier een schat aan vernuft aanwendt om een centraal idee te ontwikkelen, terwijl hij een aangenaam verhaal opbouwt, en vooral zonder in lange betogen te blijven hangen. Deze ware prestatie is niet vreemd aan het succes van *Candide*.

Om dit te bereiken mengt Voltaire de kenmerken van verschillende literaire genres die hij parodieert:

- Het eerste is het sprookje. Het idyllische landschap van het begin doet denken aan het klassieke sprookje, en het ontwrichtende element dat verantwoordelijk is voor de beproevingen van Candide zoals wij die kennen, wordt beëindigd wanneer de zuivere held zijn doel bereikt: het redden van de vrouw van wie hij houdt;

- het sprookje wordt echter snel gedenatureerd en maakt plaats voor een picareske roman, omdat Candide en zijn metgezellen in steeds onwaarschijnlijker avonturen worden meegesleurd;

- en wat te denken van het einde van de roman als Cunégonde lelijk is geworden en Candide aarzelt om met haar te trouwen? De sentimentele roman is ongetwijfeld het meest geparodieerde genre. Candide's obsessie voor Cunégonde lijkt voor de lezer altijd, zo niet belachelijk, dan toch onevenredig, totdat hij haar lelijk vindt. De absurditeit van zijn avonturen, ingegeven door de resten van een tienerflirt, wordt op dat moment nog duidelijker.

⊙ Extra Informatie: Picareske Roman

De picareske roman is een literair genre dat in de zestiende eeuw in Spanje ontstond. De hoofdpersonen zijn meestal van bescheiden of armoedige komaf en worden in allerlei extravagante avonturen verwikkeld. Men zou bijna kunnen spreken van anti-kinderlijkheid.

Concluderend kunnen we stellen dat *Candide* een filosofisch verhaal is: het is een fictief verhaal waarachter een vernietigende kritiek schuilgaat. Als Voltaire zijn toevlucht neemt tot enkele kenmerken van het sprookje, is dat alleen om de censuur te dwarsbomen.

VERDERE REFLECTIE

ENKELE VRAGEN OM OVER NA TE DENKEN...

- Wat bekritiseert Voltaire via het personage van Pangloss?

- Wat zijn Voltaire's opvattingen over oorlog en de gevolgen ervan?

- Wat zegt de naam 'Candide' over de persoonlijkheid van de held?

- Is Candide een held? Leg je antwoord uit.

- Analyseer hoofdstuk 3 en verklaar Voltaire's gebruik van ironie.

- Herlees hoofdstuk 19, met speciale aandacht voor de ontmoeting met de 'Surinaamse neger'. Wat leert het hoofdstuk ons over de mening van de auteur met betrekking tot slavernij? Hoe brengt Voltaire zijn mening naar voren?

- Wat houdt het auto-da-fé in hoofdstuk 6 in? Vergelijk het met andere verbrandingen waarvan je hebt gehoord, fictief of historisch.

- Laat zien hoe Voltaire tegelijkertijd het sprookje, de picareske roman en de sentimentele roman parodieert.

- Noem aan de hand van dit boek de kenmerken van het filosofische genre. Waarom hebben Verlichtingsfilosofen zich volgens u tot dit genre gewend?

VERDER LEZEN

REFERENTIE-UITGAVE

Voltaire (2015) *Candide.* CreateSpace Independent Publishing Platform.

AANPASSINGEN

Candide ou l'optimisme au XXe siècle. (1960) [Film]. Norbert Carbonnaux. Frankrijk: Courts et Longs Métrages (C.LM.).

Candide. (1962) [Televisie film]. Pierre Cardinal. Dir. Frankrijk: SFP.

*We horen graag van jou! Laat
een reactie achter op jouw online bibliotheek
en deel je favoriete boeken op social media!*

Waarom kiezen voor Must Read?

Kom alles te weten over een boek met onze beknopte en diepgaande samenvattingen en analyses!

Ontdek het beste uit de literatuur in een compleet nieuw licht!

www.50minutes.com

De uitgever garandeert de betrouwbaarheid van de gepubliceerde informatie, die echter niet onder zijn verantwoordelijkheid valt.

www.50minutes.com

Master ISBN: 9782808687447
Papier ISBN: 9782808698849
Wettelijk depot: D/2023/12603/1164

Omslag: © Primento

Digitaal ontwerp: Primento, de digitale partner van uitgevers.